So wird es gemacht:

Öffne das LÜK®-Kontrollgerät und lege die Plättchen in den unbedruckten Deckel. Jetzt kannst du auf den Plättchen und im Kontrollgerät

die Zahlen 1 bis 24 sehen.

Beispiel: Seite 2 **Ja oder nein?**
Nimm ein Plättchen — z.B. das Plättchen 2 und sieh dir die Abbildung Nr. 2 an: Stellt der getönte Teil der Abbildung den Bruch $\frac{1}{2}$ dar?
Sieh dir die Abbildung genau an und entscheide.
Ja, es ist $\frac{1}{2}$. Lege also das Plättchen 2 auf das Feld 18 im Kontrollgerät.
Die Zahl **2** soll nach oben zeigen.

1	2	3	4	5	6
7	8	9	10	11	12
13	14	15	16	17	18
19	20	21	22	23	24

So arbeitest du weiter, bis alle Plättchen im Kontrollgerät liegen.

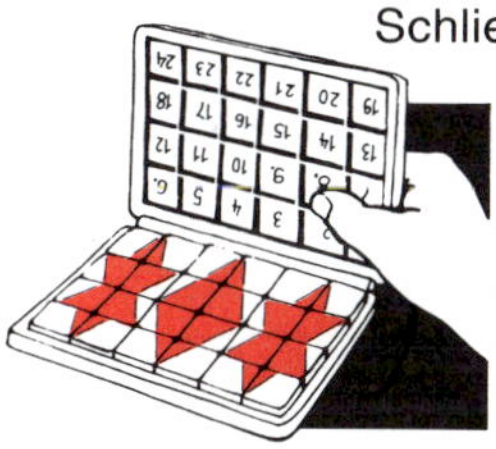

Schließe dann das Gerät und lege es herum. Öffne es von der Rückseite! Wenn du das bei der Übungsreihe abgebildete Muster siehst, hast du alle Aufgaben richtig gelöst. Passen einige Plättchen nicht in das Muster, dann hast du dort Fehler gemacht.
Wende diese Plättchen dort, wo sie liegen, um, schließe das Gerät, lege es herum und öffne es wieder. Nun kannst du sehen, welche Aufgabe du falsch gelöst hast.
Nimm jetzt diese Plättchen heraus und suche die richtigen Ergebnisse! Kontrolliere dann noch einmal! Stimmt jetzt das Muster?

Und nun viel Spaß!

Dieses Papier wurde
aus chlorfrei gebleichtem
Zellstoff hergestellt

Ja oder nein?

Stellt der getönte Teil der Abbildung den Bruch $\frac{1}{2}$ dar?

1

Ja: 14 Nein: 1

2

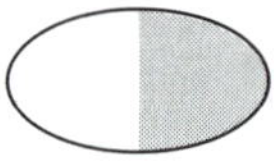

Ja: 18 Nein: 13

3

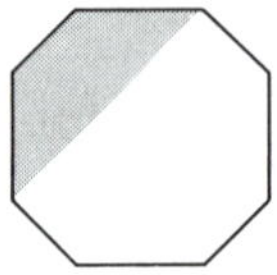

Ja: 21 Nein: 22

4

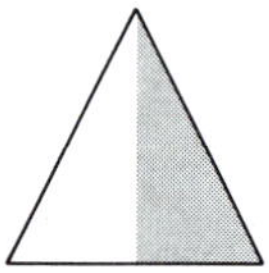

Ja: 13 Nein: 12

5

Ja: 3 Nein: 9

6

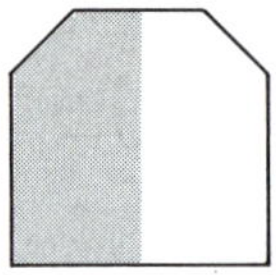

Ja: 17 Nein: 7

7

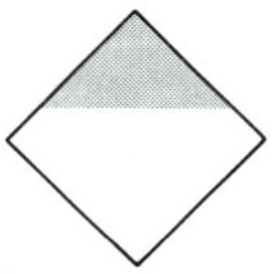

Ja: 4 Nein: 6

8

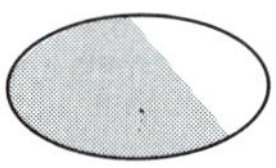

Ja: 19 Nein: 2

9

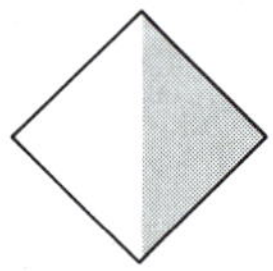

Ja: 21 Nein: 24

10

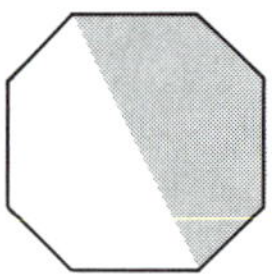

Ja: 10 Nein: 3

11

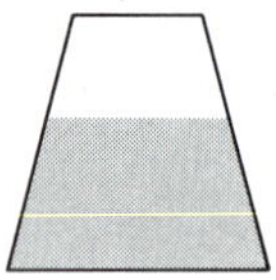

Ja: 23 Nein: 1

12

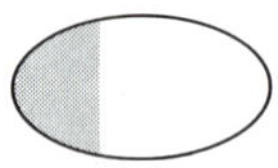

Ja: 11 Nein: 5

13

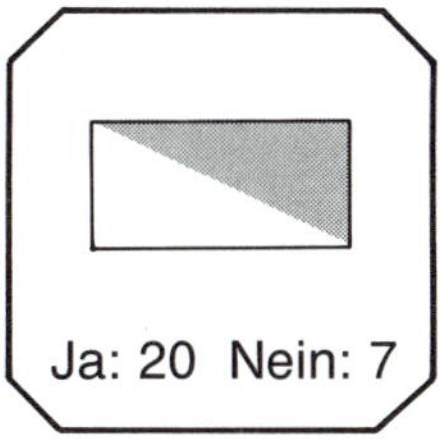

14

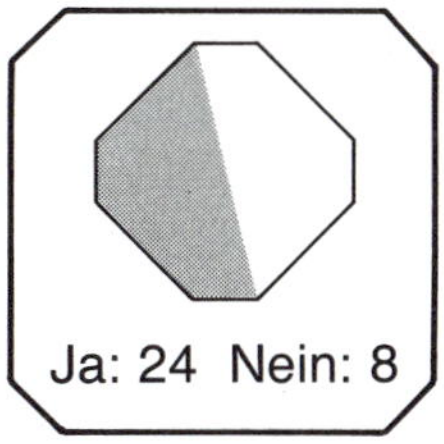

15

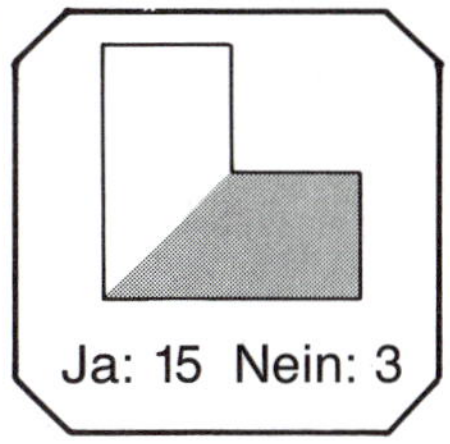

16

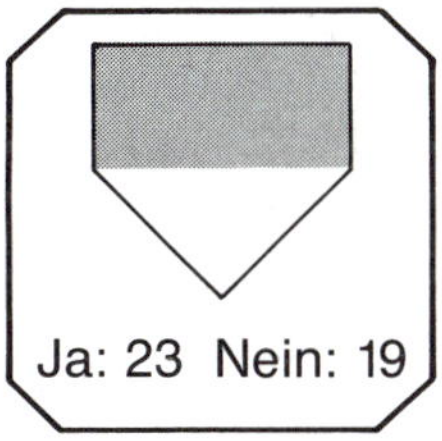

17

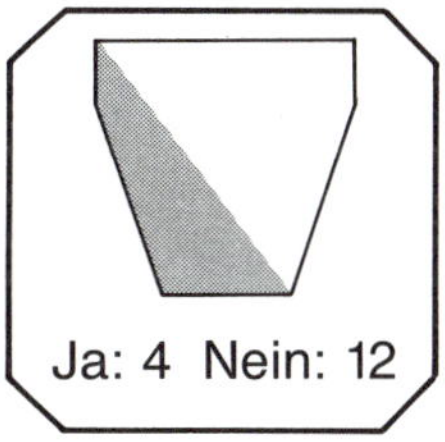

18

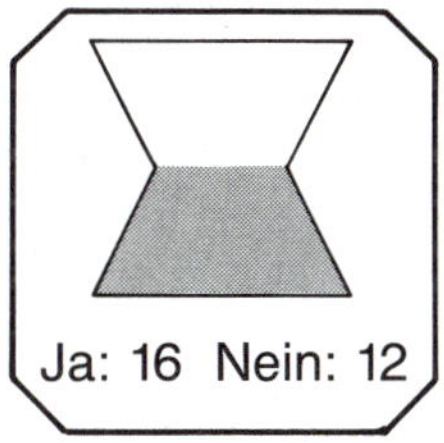

19

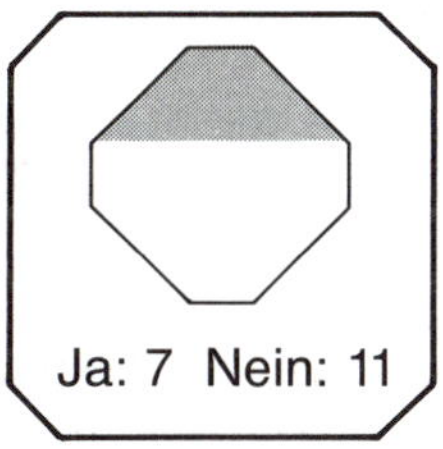

20

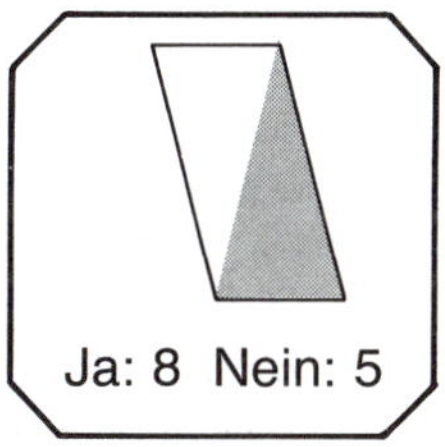

21

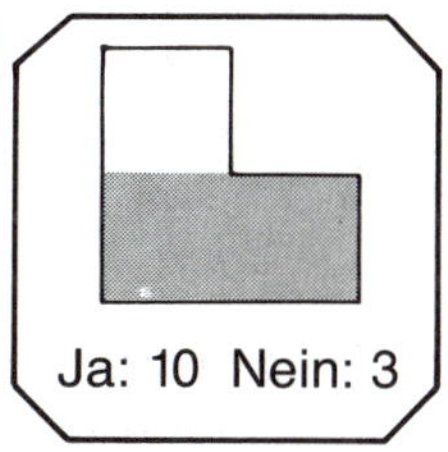

22

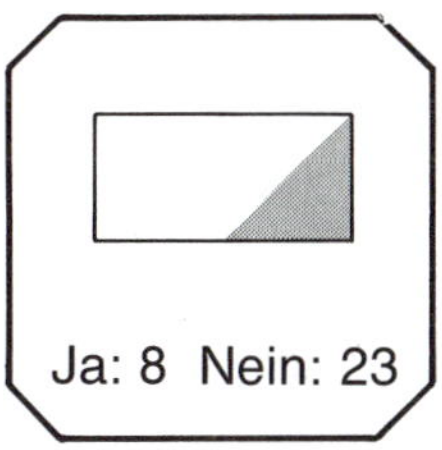

23

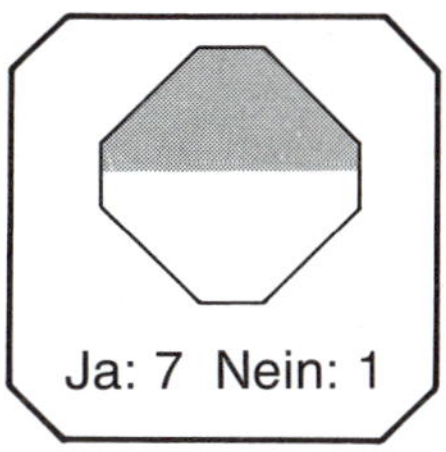

24

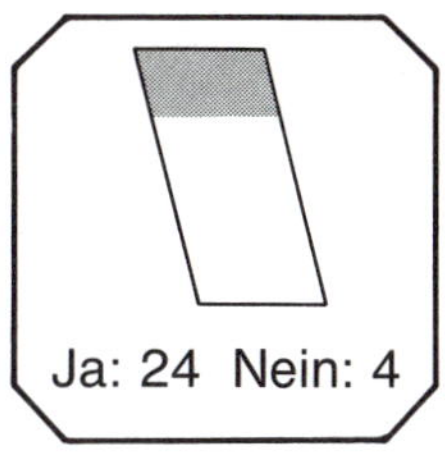

Welcher Bruchteil ist getönt?

1
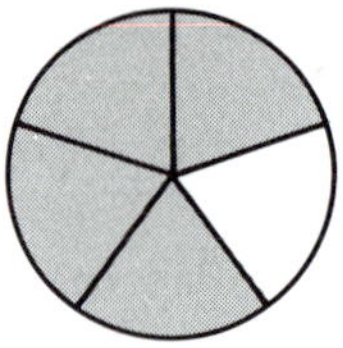

2
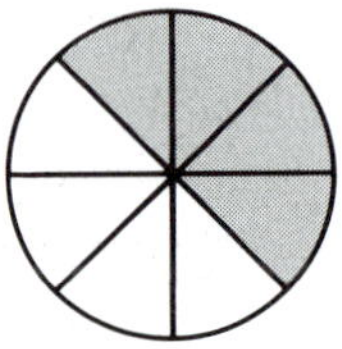

3
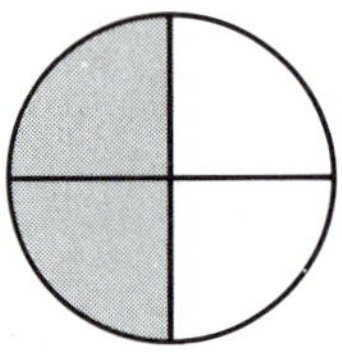

4
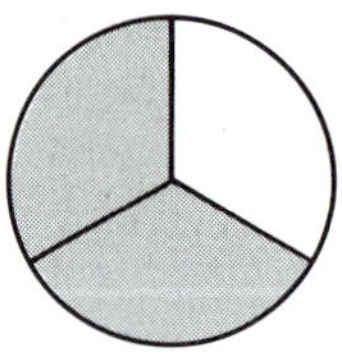

5
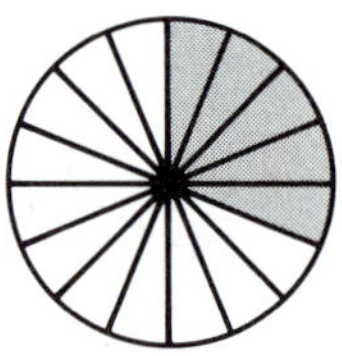

6
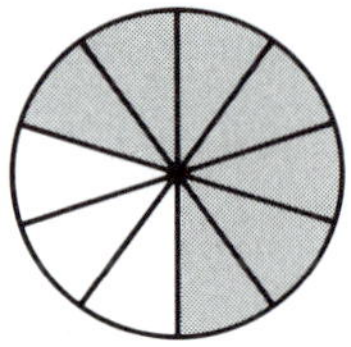

7

8
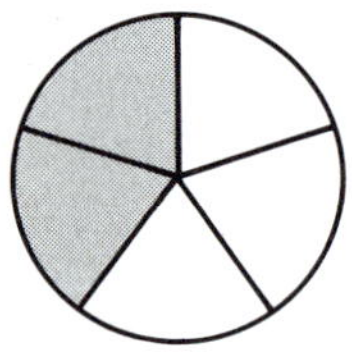

9
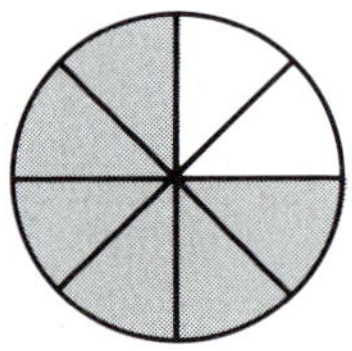

10
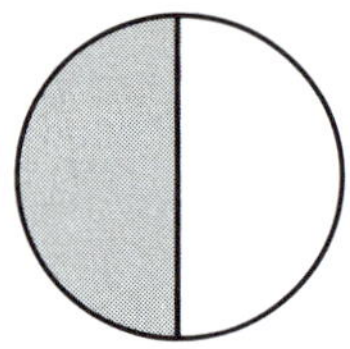

11
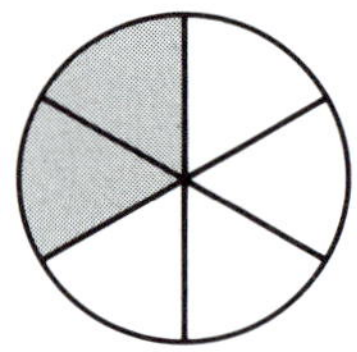

12
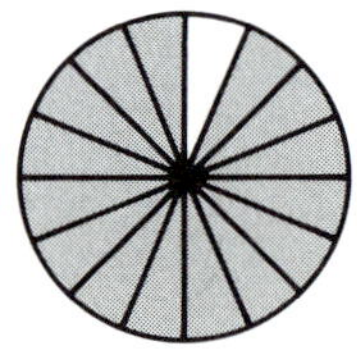

$\frac{1}{2}$	15
$\frac{2}{3}$	12
$\frac{2}{4}$	22
$\frac{2}{5}$	6
$\frac{4}{5}$	11
$\frac{2}{6}$	5
$\frac{4}{8}$	7
$\frac{6}{8}$	21
$\frac{7}{10}$	8
$\frac{3}{16}$	2
$\frac{5}{16}$	16
$\frac{15}{16}$	1

20
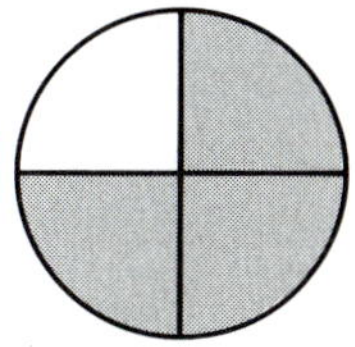

16
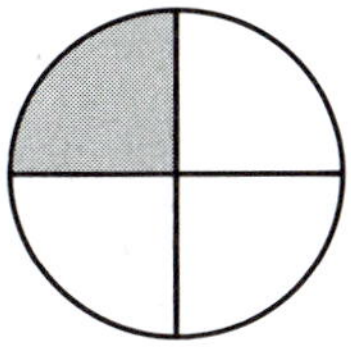

21
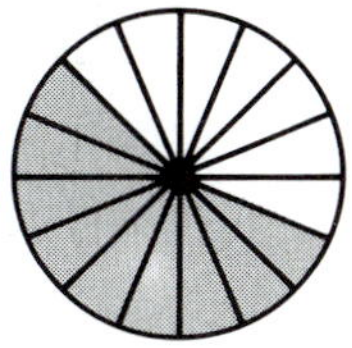

13
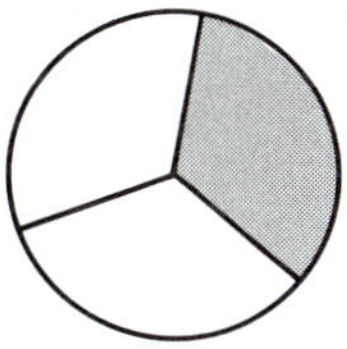

17
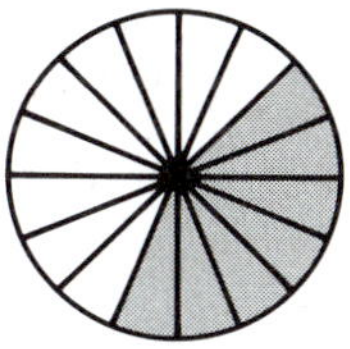

22
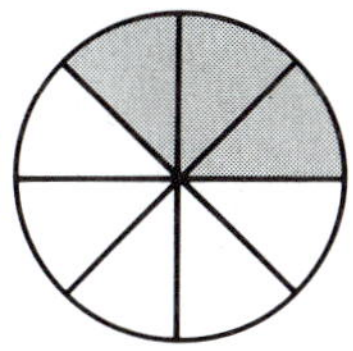

14
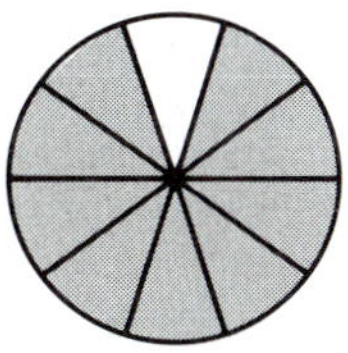

18
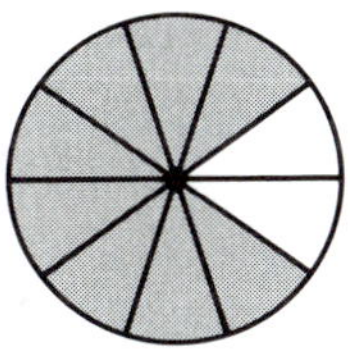

23
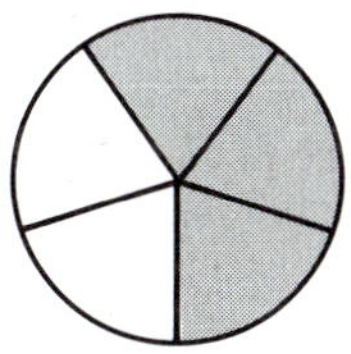

15

19
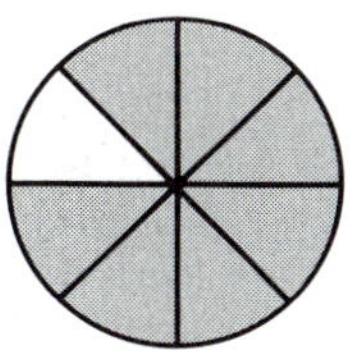

24
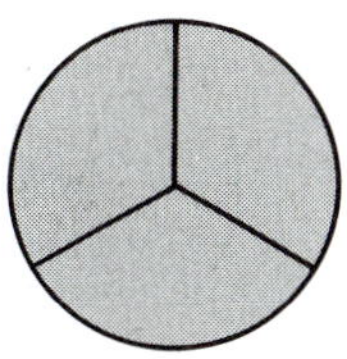

$\frac{1}{1}$	$\frac{1}{3}$	$\frac{3}{3}$	$\frac{1}{4}$	$\frac{3}{4}$	$\frac{3}{5}$	$\frac{3}{8}$	$\frac{7}{8}$	$\frac{8}{10}$	$\frac{9}{10}$	$\frac{7}{16}$	$\frac{9}{16}$
10	24	4	23	17	18	19	14	9	20	13	3

Welche Abbildung gehört zu dem Bruch?

Achte auf die Tönung!

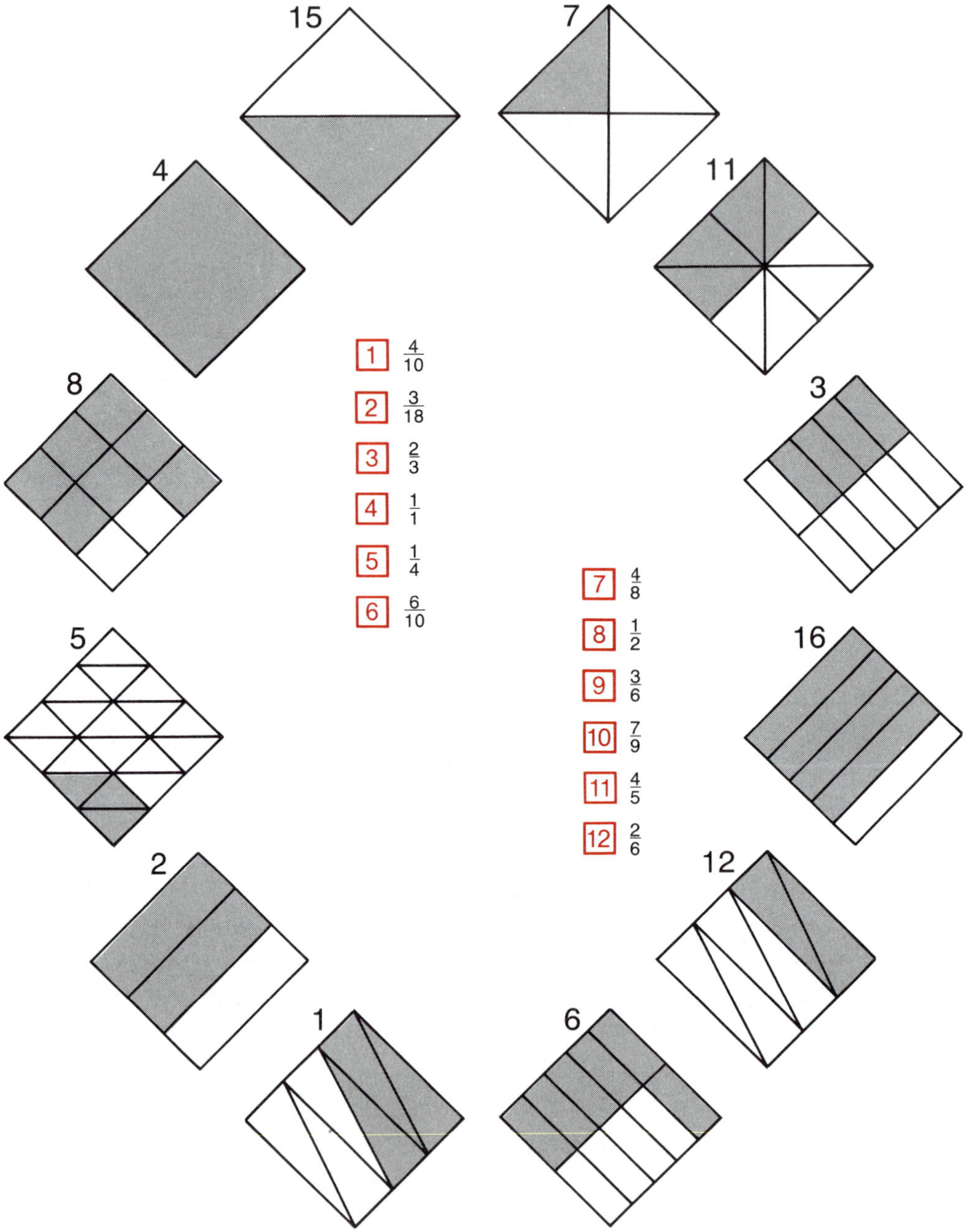

1 $\frac{4}{10}$

2 $\frac{3}{18}$

3 $\frac{2}{3}$

4 $\frac{1}{1}$

5 $\frac{1}{4}$

6 $\frac{6}{10}$

7 $\frac{4}{8}$

8 $\frac{1}{2}$

9 $\frac{3}{6}$

10 $\frac{7}{9}$

11 $\frac{4}{5}$

12 $\frac{2}{6}$

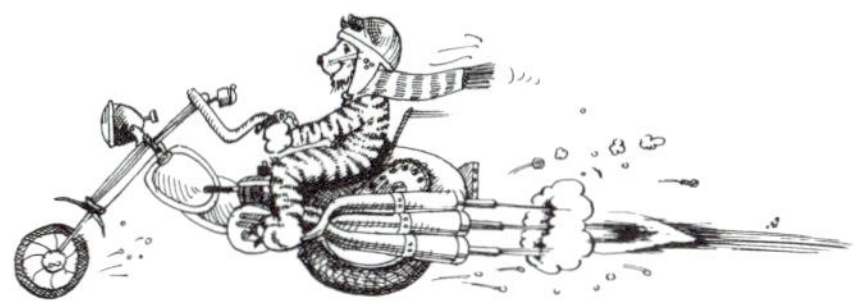

10

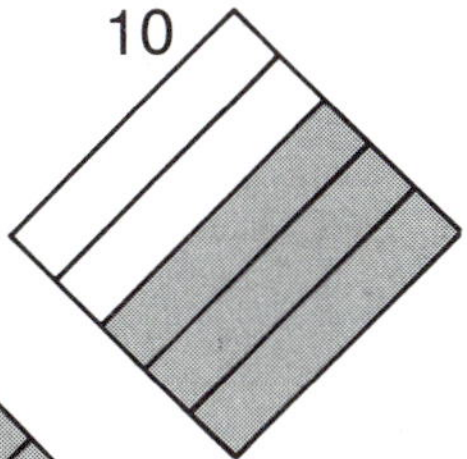

9

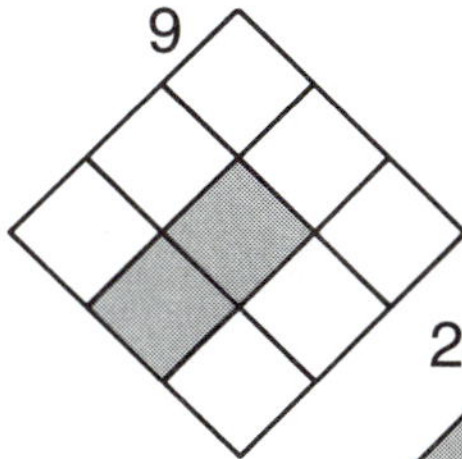

19

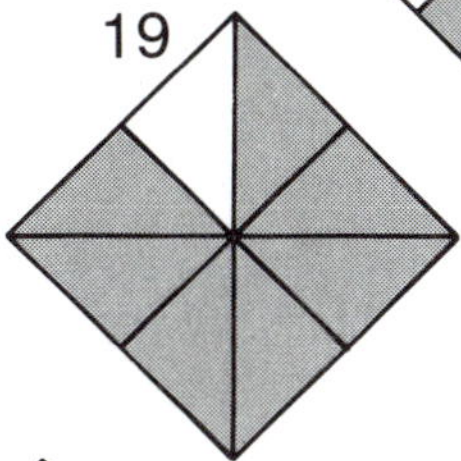

23

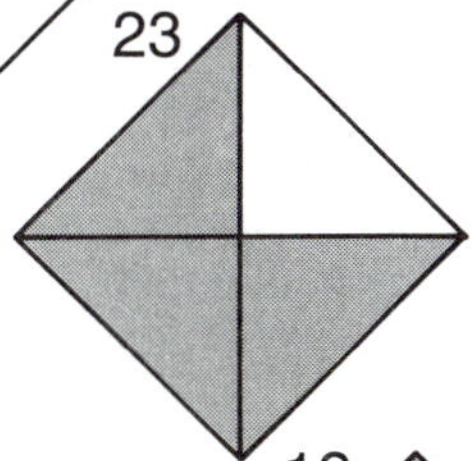

22

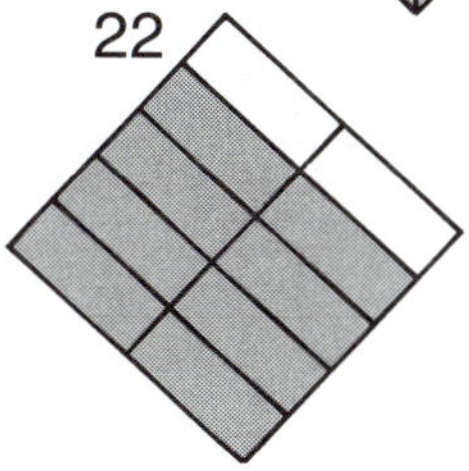

13

13 $\frac{2}{9}$

14 $\frac{10}{18}$

15 $\frac{4}{18}$

16 $\frac{3}{5}$

17 $\frac{3}{4}$

18 $\frac{1}{3}$

19 $\frac{5}{6}$

20 $\frac{7}{18}$

21 $\frac{7}{8}$

22 $\frac{4}{9}$

23 $\frac{8}{10}$

24 $\frac{2}{2}$

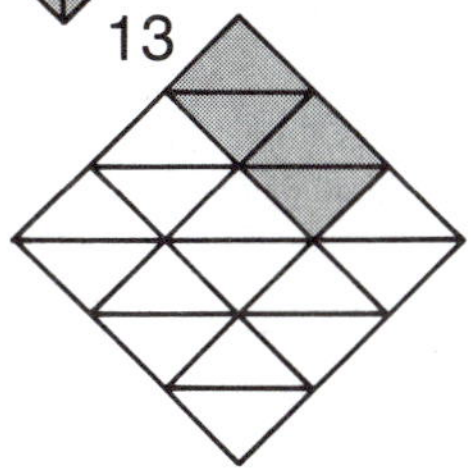

14

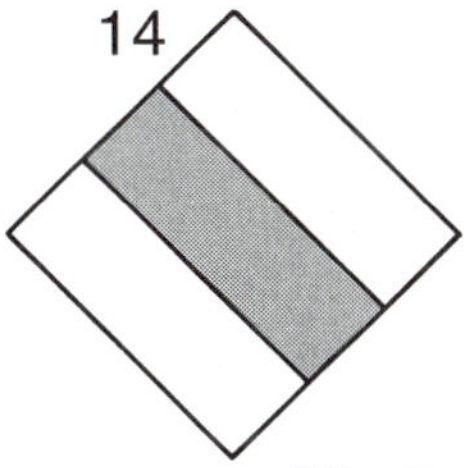

20

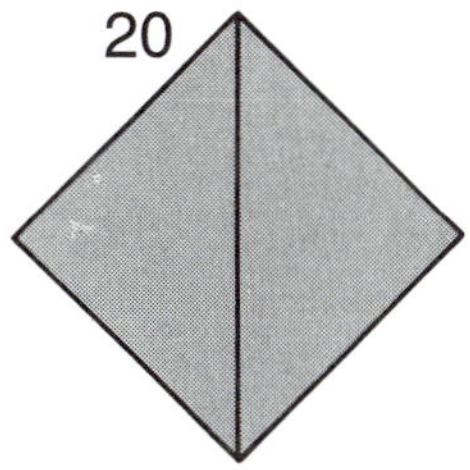

21

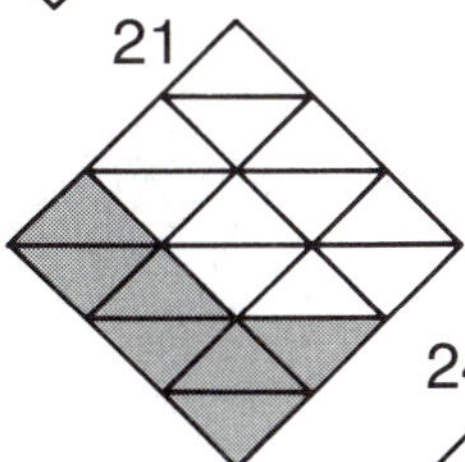

17

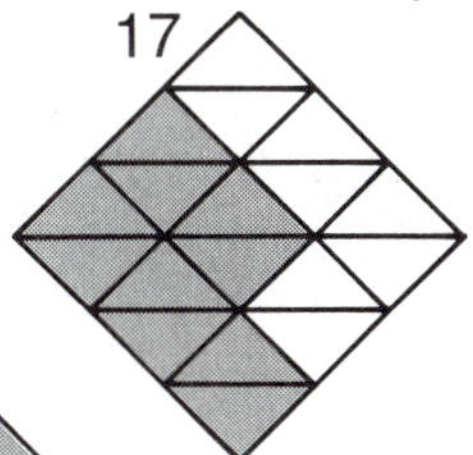

24

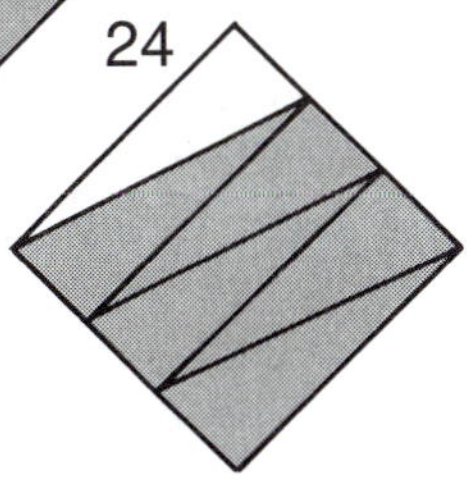

18

Wie heißt es richtig?

1	$3 = \frac{9}{3}$
2	$8 = \frac{\ }{9}$
3	$5 = \frac{\ }{7}$
4	$4 = \frac{\ }{6}$
5	$10 = \frac{\ }{3}$
6	$7 = \frac{\ }{5}$
7	$5 = \frac{\ }{9}$
8	$9 = \frac{\ }{5}$
9	$3 = \frac{\ }{5}$
10	$6 = \frac{\ }{7}$
11	$8 = \frac{\ }{3}$
12	$3 = \frac{\ }{6}$

$\frac{9}{3}$	17
$\frac{24}{3}$	12
$\frac{30}{3}$	3
$\frac{15}{5}$	9
$\frac{35}{5}$	14
$\frac{45}{5}$	23
$\frac{18}{6}$	20
$\frac{24}{6}$	6
$\frac{35}{7}$	10
$\frac{42}{7}$	4
$\frac{45}{9}$	7
$\frac{72}{9}$	1

13	$10 = \frac{\ }{10}$
14	$2 = \frac{\ }{6}$
15	$8 = \frac{\ }{10}$
16	$4 = \frac{\ }{9}$
17	$7 = \frac{\ }{6}$
18	$3 = \frac{\ }{4}$
19	$5 = \frac{\ }{10}$
20	$7 = \frac{\ }{4}$
21	$5 = \frac{\ }{8}$
22	$6 = \frac{\ }{9}$
23	$4 = \frac{\ }{8}$
24	$8 = \frac{\ }{6}$

$\frac{12}{4}$	22
$\frac{28}{4}$	11
$\frac{12}{6}$	13
$\frac{42}{6}$	19
$\frac{48}{6}$	16
$\frac{32}{8}$	24
$\frac{40}{8}$	15
$\frac{36}{9}$	18
$\frac{54}{9}$	2
$\frac{50}{10}$	8
$\frac{80}{10}$	21
$\frac{100}{10}$	5

Forme den Bruch in eine ganze Zahl um!

1 $\frac{16}{2} = 8$

2 $\frac{35}{7} =$

3 $\frac{50}{5} =$

4 $\frac{12}{4} =$

5 $\frac{48}{8} =$

6 $\frac{33}{3} =$

7 $\frac{63}{9} =$

8 $\frac{48}{4} =$

9 $\frac{6}{3} =$

10 $\frac{27}{3} =$

11 $\frac{40}{10} =$

12 $\frac{39}{3} =$

2	13
3	4
4	9
5	17
6	20
7	24
8	3
9	19
10	14
11	18
12	10
13	23

13 $\frac{56}{8} =$

14 $\frac{54}{9} =$

15 $\frac{60}{5} =$

16 $\frac{36}{4} =$

17 $\frac{24}{8} =$

18 $\frac{5}{5} =$

19 $\frac{70}{7} =$

20 $\frac{32}{4} =$

21 $\frac{28}{7} =$

22 $\frac{18}{9} =$

23 $\frac{22}{2} =$

24 $\frac{30}{6} =$

1	1
2	5
3	11
4	7
5	8
6	6
7	16
8	21
9	15
10	12
11	22
12	2

Welcher Bruch gehört in die Gleichung?

Die Feldzahl steht unter dem zugehörigen Bruch.

1 $2 = -$

$\frac{9}{3}$	$\frac{4}{2}$	$\frac{16}{4}$
13	12	4

2 $5 = -$

$\frac{15}{3}$	$\frac{35}{5}$	$\frac{24}{4}$
4	10	14

3 $3 = -$

$\frac{6}{3}$	$\frac{16}{4}$	$\frac{6}{2}$
4	1	7

4 $1 = -$

$\frac{8}{4}$	$\frac{9}{9}$	$\frac{9}{3}$
2	11	10

5 $6 = -$

$\frac{20}{4}$	$\frac{8}{2}$	$\frac{18}{3}$
22	8	19

6 $4 = -$

$\frac{15}{3}$	$\frac{8}{2}$	$\frac{36}{6}$
18	3	13

7 $4 = -$

$\frac{20}{5}$	$\frac{30}{6}$	$\frac{49}{7}$
15	6	1

8 $6 = -$

$\frac{24}{4}$	$\frac{15}{3}$	$\frac{8}{2}$
23	9	6

9 $9 = -$

$\frac{32}{4}$	$\frac{27}{3}$	$\frac{35}{5}$
10	8	17

10 $5 = -$

$\frac{12}{3}$	$\frac{6}{2}$	$\frac{20}{4}$
11	17	20

11 $7 = -$

$\frac{14}{2}$	$\frac{24}{3}$	$\frac{24}{4}$
24	10	2

12 $8 = -$

$\frac{21}{3}$	$\frac{32}{4}$	$\frac{12}{2}$
4	16	5

13 $6 = -$ →

$\frac{15}{3}$	$\frac{12}{2}$	$\frac{28}{4}$
3	5	10

14 $8 = -$ →

$\frac{24}{3}$	$\frac{14}{2}$	$\frac{24}{6}$
9	21	13

15 $4 = -$ →

$\frac{20}{4}$	$\frac{6}{2}$	$\frac{12}{3}$
15	8	1

16 $5 = -$ →

$\frac{24}{4}$	$\frac{25}{5}$	$\frac{14}{2}$
5	6	24

17 $9 = -$ →

$\frac{18}{2}$	$\frac{24}{3}$	$\frac{30}{5}$
22	5	3

18 $7 = -$ →

$\frac{12}{2}$	$\frac{30}{6}$	$\frac{28}{4}$
15	19	2

19 $3 = -$ →

$\frac{9}{3}$	$\frac{8}{2}$	$\frac{25}{5}$
21	15	24

20 $6 = -$ →

$\frac{20}{4}$	$\frac{14}{2}$	$\frac{30}{5}$
14	13	18

21 $2 = -$ →

$\frac{6}{3}$	$\frac{21}{7}$	$\frac{12}{4}$
14	1	23

22 $4 = -$ →

$\frac{10}{2}$	$\frac{16}{4}$	$\frac{18}{3}$
19	10	15

23 $5 = -$ →

$\frac{16}{4}$	$\frac{30}{5}$	$\frac{30}{6}$
21	9	17

24 $1 = -$ →

$\frac{7}{7}$	$\frac{8}{4}$	$\frac{9}{3}$
13	16	10

Verwandele in einen unechten Bruch!

1. $1\frac{4}{5} = \frac{9}{5}$
2. $1\frac{1}{4} = -$
3. $1\frac{1}{6} = -$
4. $1\frac{1}{3} = -$
5. $1\frac{2}{5} = -$
6. $1\frac{5}{6} = -$
7. $1\frac{5}{7} = -$
8. $1\frac{3}{5} = -$
9. $1\frac{2}{3} = -$
10. $1\frac{3}{7} = -$
11. $1\frac{3}{4} = -$
12. $1\frac{1}{5} = -$
13. $1\frac{3}{10} = -$
14. $1\frac{2}{9} = -$
15. $1\frac{7}{10} = -$
16. $1\frac{7}{9} = -$
17. $1\frac{1}{10} = -$
18. $1\frac{5}{8} = -$
19. $1\frac{4}{9} = -$
20. $1\frac{5}{11} = -$
21. $1\frac{6}{10} = -$
22. $1\frac{7}{11} = -$
23. $1\frac{7}{8} = -$
24. $1\frac{8}{9} = -$

$\frac{4}{3} \rightarrow 11$

$\frac{5}{3} \rightarrow 8$

$\frac{5}{4} \rightarrow 9$

$\frac{7}{4} \rightarrow 6$

$\frac{6}{5} \rightarrow 22$

$\frac{7}{5} \rightarrow 1$

$\frac{8}{5} \rightarrow 5$

$\frac{9}{5} \rightarrow 12$

$\frac{7}{6} \rightarrow 7$

$\frac{11}{6} \rightarrow 10$

$\frac{10}{7} \rightarrow 2$

$\frac{12}{7} \rightarrow 21$

$\frac{13}{8} \rightarrow 20$

$\frac{15}{8} \rightarrow 17$

$\frac{11}{9} \rightarrow 3$

$\frac{13}{9} \rightarrow 16$

$\frac{16}{9} \rightarrow 24$

$\frac{17}{9} \rightarrow 13$

$\frac{11}{10} \rightarrow 15$

$\frac{13}{10} \rightarrow 23$

$\frac{16}{10} \rightarrow 14$

$\frac{17}{10} \rightarrow 19$

$\frac{16}{11} \rightarrow 18$

$\frac{18}{11} \rightarrow 4$

Aus einer gemischten Zahl wird ein unechter Bruch

1. $2\frac{2}{3} = \frac{8}{3}$
2. $2\frac{3}{4} = -$
3. $3\frac{1}{6} = -$
4. $4\frac{1}{2} = -$
5. $3\frac{2}{3} = -$
6. $3\frac{1}{7} = -$
7. $3\frac{1}{3} = -$
8. $2\frac{5}{6} = -$
9. $2\frac{1}{4} = -$
10. $3\frac{1}{2} = -$
11. $3\frac{5}{7} = -$
12. $3\frac{1}{4} = -$
13. $5\frac{2}{3} = -$
14. $6\frac{1}{6} = -$
15. $5\frac{1}{4} = -$
16. $6\frac{6}{7} = -$
17. $6\frac{2}{5} = -$
18. $7\frac{5}{7} = -$
19. $6\frac{1}{3} = -$
20. $5\frac{2}{5} = -$
21. $6\frac{5}{6} = -$
22. $4\frac{2}{3} = -$
23. $6\frac{1}{7} = -$
24. $5\frac{3}{4} = -$

$\frac{7}{2} \rightarrow 18$

$\frac{9}{2} \rightarrow 9$

$\frac{8}{3} \rightarrow 10$

$\frac{10}{3} \rightarrow 13$

$\frac{11}{3} \rightarrow 17$

$\frac{9}{4} \rightarrow 5$

$\frac{11}{4} \rightarrow 1$

$\frac{13}{4} \rightarrow 14$

$\frac{17}{6} \rightarrow 4$

$\frac{19}{6} \rightarrow 6$

$\frac{22}{7} \rightarrow 2$

$\frac{26}{7} \rightarrow 3$

$\frac{14}{3} \rightarrow 8$

$\frac{17}{3} \rightarrow 22$

$\frac{19}{3} \rightarrow 20$

$\frac{21}{4} \rightarrow 11$

$\frac{23}{4} \rightarrow 24$

$\frac{27}{5} \rightarrow 16$

$\frac{32}{5} \rightarrow 19$

$\frac{37}{6} \rightarrow 7$

$\frac{41}{6} \rightarrow 23$

$\frac{43}{7} \rightarrow 15$

$\frac{48}{7} \rightarrow 21$

$\frac{54}{7} \rightarrow 12$

Wie heißt die zugehörige gemischte Zahl?

1	$\frac{5}{4} = 1\frac{1}{4}$
2	$\frac{10}{7} = —$
3	$\frac{9}{5} = —$
4	$\frac{7}{4} = —$
5	$\frac{15}{8} = —$
6	$\frac{4}{3} = —$
7	$\frac{9}{7} = —$
8	$\frac{11}{8} = —$
9	$\frac{8}{5} = —$
10	$\frac{14}{9} = —$
11	$\frac{5}{3} = —$
12	$\frac{16}{9} = —$

$1\frac{1}{3}$	24
$1\frac{2}{3}$	4
$1\frac{1}{4}$	15
$1\frac{3}{4}$	16
$1\frac{3}{5}$	19
$1\frac{4}{5}$	14
$1\frac{2}{7}$	5
$1\frac{3}{7}$	17
$1\frac{3}{8}$	3
$1\frac{7}{8}$	13
$1\frac{5}{9}$	2
$1\frac{7}{9}$	18

13	$\frac{7}{6} = —$
14	$\frac{11}{7} = —$
15	$\frac{6}{5} = —$
16	$\frac{8}{7} = —$
17	$\frac{9}{8} = —$
18	$\frac{13}{7} = —$
19	$\frac{10}{9} = —$
20	$\frac{7}{5} = —$
21	$\frac{13}{8} = —$
22	$\frac{11}{6} = —$
23	$\frac{12}{7} = —$
24	$\frac{11}{9} = —$

$1\frac{1}{5}$	7
$1\frac{2}{5}$	9
$1\frac{1}{6}$	21
$1\frac{5}{6}$	12
$1\frac{1}{7}$	22
$1\frac{4}{7}$	23
$1\frac{5}{7}$	10
$1\frac{6}{7}$	20
$1\frac{1}{8}$	11
$1\frac{5}{8}$	1
$1\frac{1}{9}$	6
$1\frac{2}{9}$	8

Wandele in eine gemischte Zahl um!

1. $\frac{17}{3} = 5\frac{2}{3}$
2. $\frac{37}{4} = -$
3. $\frac{37}{5} = -$
4. $\frac{54}{7} = -$
5. $\frac{25}{6} = -$
6. $\frac{15}{2} = -$
7. $\frac{19}{3} = -$
8. $\frac{35}{4} = -$
9. $\frac{34}{5} = -$
10. $\frac{52}{7} = -$
11. $\frac{29}{6} = -$
12. $\frac{19}{2} = -$

$7\frac{1}{2}$	17
$9\frac{1}{2}$	6
$5\frac{2}{3}$	14
$6\frac{1}{3}$	5
$8\frac{3}{4}$	1
$9\frac{1}{4}$	18
$6\frac{4}{5}$	22
$7\frac{2}{5}$	21
$4\frac{1}{6}$	9
$4\frac{5}{6}$	2
$7\frac{3}{7}$	10
$7\frac{5}{7}$	13

13. $\frac{49}{6} = -$
14. $\frac{47}{6} = -$
15. $\frac{27}{4} = -$
16. $\frac{65}{9} = -$
17. $\frac{29}{4} = -$
18. $\frac{35}{8} = -$
19. $\frac{44}{7} = -$
20. $\frac{29}{5} = -$
21. $\frac{41}{8} = -$
22. $\frac{68}{9} = -$
23. $\frac{47}{7} = -$
24. $\frac{32}{5} = -$

$6\frac{3}{4}$	15
$7\frac{1}{4}$	12
$5\frac{4}{5}$	8
$6\frac{2}{5}$	3
$7\frac{5}{6}$	23
$8\frac{1}{6}$	19
$6\frac{2}{7}$	11
$6\frac{5}{7}$	7
$4\frac{3}{8}$	16
$5\frac{1}{8}$	4
$7\frac{2}{9}$	20
$7\frac{5}{9}$	24

Achtung: Fehlersuche!

Finde jeweils die fehlerhafte Gleichung! Darunter findest du die zugehörige Feldzahl.

1

$\frac{8}{7} = 1\frac{1}{7}$	$\frac{7}{5} = 1\frac{4}{5}$	$\frac{13}{10} = 1\frac{3}{10}$
12	16	4

2

$\frac{7}{6} = 1\frac{1}{6}$	$\frac{7}{5} = 1\frac{2}{5}$	$\frac{5}{4} = 1\frac{2}{4}$
22	20	24

3

$\frac{12}{9} = 1\frac{4}{9}$	$\frac{10}{9} = 1\frac{1}{9}$	$\frac{11}{10} = 1\frac{1}{10}$
19	18	1

4

$\frac{9}{5} = 1\frac{4}{5}$	$\frac{15}{8} = 1\frac{3}{8}$	$\frac{16}{9} = 1\frac{7}{9}$
17	15	13

5

$\frac{4}{3} = 1\frac{2}{3}$	$\frac{8}{5} = 1\frac{3}{5}$	$\frac{7}{4} = 1\frac{3}{4}$
7	21	12

6

$\frac{11}{7} = 1\frac{4}{7}$	$\frac{13}{9} = 1\frac{4}{9}$	$\frac{11}{8} = 1\frac{6}{8}$
3	20	23

7

$\frac{6}{5} = 1\frac{1}{5}$	$\frac{14}{8} = 1\frac{6}{8}$	$\frac{10}{9} = 1\frac{4}{9}$
22	1	11

8

$\frac{11}{9} = 1\frac{2}{9}$	$\frac{5}{3} = 1\frac{1}{3}$	$\frac{9}{5} = 1\frac{4}{5}$
13	3	2

9

$\frac{8}{5} = 1\frac{1}{5}$	$\frac{9}{8} = 1\frac{1}{8}$	$\frac{6}{4} = 1\frac{2}{4}$
20	17	21

10

$\frac{10}{7} = 1\frac{3}{7}$	$\frac{11}{9} = 1\frac{6}{9}$	$\frac{10}{8} = 1\frac{2}{8}$
5	8	22

11

$\frac{9}{6} = 1\frac{4}{6}$	$\frac{6}{5} = 1\frac{1}{5}$	$\frac{17}{9} = 1\frac{8}{9}$
4	6	14

12

$\frac{12}{10} = 1\frac{2}{10}$	$\frac{12}{9} = 1\frac{3}{9}$	$\frac{7}{6} = 1\frac{2}{6}$
22	9	12

13

$\frac{3}{2} = 1\frac{1}{2}$	$\frac{8}{6} = 1\frac{3}{6}$	$\frac{12}{8} = 1\frac{4}{8}$
6	21	11

14

$\frac{13}{7} = 1\frac{4}{7}$	$\frac{11}{6} = 1\frac{5}{6}$	$\frac{12}{11} = 1\frac{1}{11}$
17	12	3

15

$\frac{13}{8} = 1\frac{5}{8}$	$\frac{15}{9} = 1\frac{4}{9}$	$\frac{11}{7} = 1\frac{4}{7}$
1	13	9

16

$\frac{11}{6} = 1\frac{3}{6}$	$\frac{17}{9} = 1\frac{8}{9}$	$\frac{5}{3} = 1\frac{2}{3}$
22	17	24

17

$\frac{10}{6} = 1\frac{4}{6}$	$\frac{12}{8} = 1\frac{4}{8}$	$\frac{10}{7} = 1\frac{5}{7}$
15	4	6

18

$\frac{13}{7} = 1\frac{4}{7}$	$\frac{5}{4} = 1\frac{1}{4}$	$\frac{14}{9} = 1\frac{5}{9}$
14	10	3

19

$\frac{10}{6} = 1\frac{4}{6}$	$\frac{12}{7} = 1\frac{5}{7}$	$\frac{10}{8} = 1\frac{5}{8}$
16	13	5

20

$\frac{14}{8} = 1\frac{7}{8}$	$\frac{15}{9} = 1\frac{6}{9}$	$\frac{11}{8} = 1\frac{3}{8}$
10	7	6

21

$\frac{14}{9} = 1\frac{7}{9}$	$\frac{15}{8} = 1\frac{7}{8}$	$\frac{9}{6} = 1\frac{3}{6}$
2	5	16

22

$\frac{12}{7} = 1\frac{3}{7}$	$\frac{13}{9} = 1\frac{4}{9}$	$\frac{9}{8} = 1\frac{1}{8}$
18	21	10

23

$\frac{8}{7} = 1\frac{1}{7}$	$\frac{4}{3} = 1\frac{1}{3}$	$\frac{7}{4} = 1\frac{2}{4}$
20	23	9

24

$\frac{16}{9} = 1\frac{7}{9}$	$\frac{13}{8} = 1\frac{3}{8}$	$\frac{9}{7} = 1\frac{2}{7}$
8	1	22

Erweitern mit 2

Beispiel: $\frac{3}{4} = \frac{3 \cdot 2}{4 \cdot 2} = \frac{6}{8}$

1. $\frac{3}{4} = -$
2. $\frac{2}{3} = -$
3. $\frac{2}{5} = -$
4. $\frac{1}{6} = -$
5. $\frac{1}{3} = -$
6. $\frac{5}{6} = -$
7. $\frac{5}{7} = -$
8. $\frac{4}{5} = -$
9. $\frac{1}{4} = -$
10. $\frac{3}{5} = -$
11. $\frac{6}{7} = -$
12. $\frac{4}{7} = -$

$\frac{2}{6}$	21
$\frac{4}{6}$	5
$\frac{2}{8}$	15
$\frac{6}{8}$	13
$\frac{4}{10}$	16
$\frac{6}{10}$	22
$\frac{8}{10}$	19
$\frac{2}{12}$	2
$\frac{10}{12}$	18
$\frac{8}{14}$	24
$\frac{10}{14}$	11
$\frac{12}{14}$	8

13. $\frac{5}{8} = -$
14. $\frac{3}{10} = -$
15. $\frac{5}{9} = -$
16. $\frac{8}{9} = -$
17. $\frac{5}{12} = -$
18. $\frac{3}{8} = -$
19. $\frac{8}{11} = -$
20. $\frac{7}{8} = -$
21. $\frac{1}{12} = -$
22. $\frac{7}{10} = -$
23. $\frac{7}{9} = -$
24. $\frac{7}{11} = -$

$\frac{6}{16}$	4
$\frac{10}{16}$	1
$\frac{14}{16}$	7
$\frac{10}{18}$	3
$\frac{14}{18}$	20
$\frac{16}{18}$	14
$\frac{6}{20}$	17
$\frac{14}{20}$	6
$\frac{14}{22}$	10
$\frac{16}{22}$	12
$\frac{2}{24}$	9
$\frac{10}{24}$	23

Erweitern mit 4

Beispiel: $\frac{4}{5} = \frac{4 \cdot 4}{5 \cdot 4} = \frac{16}{20}$

1. $\frac{4}{5} = -$
2. $\frac{3}{8} = -$
3. $\frac{5}{7} = -$
4. $\frac{5}{9} = -$
5. $\frac{3}{5} = -$
6. $\frac{1}{6} = -$
7. $\frac{2}{7} = -$
8. $\frac{5}{8} = -$
9. $\frac{4}{7} = -$
10. $\frac{5}{6} = -$
11. $\frac{2}{9} = -$
12. $\frac{3}{7} = -$

$\frac{12}{20}$	23
$\frac{16}{20}$	3
$\frac{4}{24}$	14
$\frac{20}{24}$	12
$\frac{8}{28}$	19
$\frac{12}{28}$	8
$\frac{16}{28}$	5
$\frac{20}{28}$	18
$\frac{12}{32}$	1
$\frac{20}{32}$	21
$\frac{8}{36}$	10
$\frac{20}{36}$	16

13. $\frac{1}{5} = -$
14. $\frac{6}{7} = -$
15. $\frac{4}{9} = -$
16. $\frac{1}{4} = -$
17. $\frac{2}{5} = -$
18. $\frac{8}{9} = -$
19. $\frac{1}{8} = -$
20. $\frac{7}{9} = -$
21. $\frac{7}{8} = -$
22. $\frac{3}{4} = -$
23. $\frac{1}{9} = -$
24. $\frac{1}{7} = -$

$\frac{4}{16}$	4
$\frac{12}{16}$	2
$\frac{4}{20}$	15
$\frac{8}{20}$	7
$\frac{4}{28}$	24
$\frac{24}{28}$	13
$\frac{4}{32}$	20
$\frac{28}{32}$	11
$\frac{4}{36}$	22
$\frac{16}{36}$	17
$\frac{28}{36}$	9
$\frac{32}{36}$	6

Kürzen durch 2

Beispiel: $\frac{22}{30} = \frac{22:2}{30:2} = \frac{11}{15}$

1 $\frac{22}{30} = -$

2 $\frac{24}{34} = -$

3 $\frac{10}{26} = -$

4 $\frac{28}{30} = -$

5 $\frac{20}{26} = -$

6 $\frac{18}{34} = -$

7 $\frac{4}{26} = -$

8 $\frac{6}{34} = -$

9 $\frac{16}{30} = -$

10 $\frac{16}{34} = -$

11 $\frac{14}{26} = -$

12 $\frac{26}{30} = -$

13 $\frac{14}{24} = -$

14 $\frac{26}{28} = -$

15 $\frac{22}{24} = -$

16 $\frac{26}{32} = -$

17 $\frac{2}{24} = -$

18 $\frac{10}{28} = -$

19 $\frac{22}{32} = -$

20 $\frac{22}{28} = -$

21 $\frac{30}{32} = -$

22 $\frac{18}{32} = -$

23 $\frac{18}{28} = -$

24 $\frac{10}{24} = -$

$\frac{2}{13}$	1
$\frac{5}{13}$	22
$\frac{7}{13}$	6
$\frac{10}{13}$	15
$\frac{8}{15}$	21
$\frac{11}{15}$	11
$\frac{13}{15}$	2
$\frac{14}{15}$	12
$\frac{3}{17}$	5
$\frac{8}{17}$	16
$\frac{9}{17}$	8
$\frac{12}{17}$	7

$\frac{1}{12}$	13
$\frac{5}{12}$	4
$\frac{7}{12}$	23
$\frac{11}{12}$	9
$\frac{5}{14}$	10
$\frac{9}{14}$	18
$\frac{11}{14}$	17
$\frac{13}{14}$	19
$\frac{9}{16}$	20
$\frac{11}{16}$	14
$\frac{13}{16}$	24
$\frac{15}{16}$	3

Kürzen durch 4

Beispiel: $\frac{16}{20} = \frac{16:4}{20:4} = \frac{4}{5}$

1	$\frac{16}{20} = —$	13	$\frac{20}{32} = —$
2	$\frac{12}{28} = —$	14	$\frac{32}{36} = —$
3	$\frac{24}{28} = —$	15	$\frac{16}{44} = —$
4	$\frac{4}{24} = —$	16	$\frac{8}{36} = —$
5	$\frac{8}{20} = —$	17	$\frac{36}{40} = —$
6	$\frac{12}{32} = —$	18	$\frac{28}{48} = —$
7	$\frac{8}{28} = —$	19	$\frac{28}{32} = —$
8	$\frac{20}{28} = —$	20	$\frac{28}{40} = —$
9	$\frac{12}{20} = —$	21	$\frac{16}{36} = —$
10	$\frac{4}{32} = —$	22	$\frac{40}{44} = —$
11	$\frac{16}{28} = —$	23	$\frac{44}{48} = —$
12	$\frac{20}{24} = —$	24	$\frac{28}{36} = —$

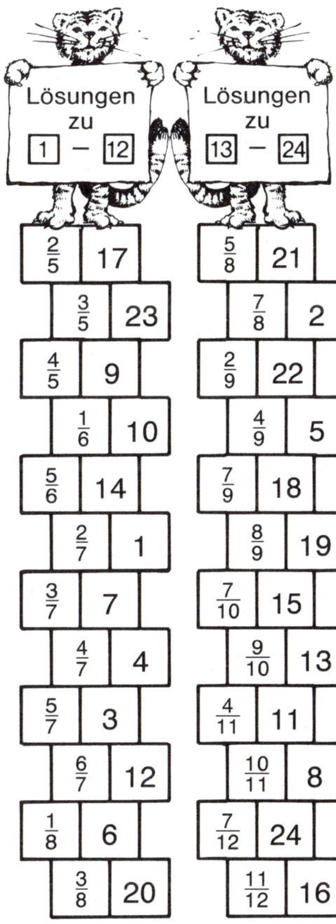

$\frac{2}{5}$	17	$\frac{5}{8}$	21
$\frac{3}{5}$	23	$\frac{7}{8}$	2
$\frac{4}{5}$	9	$\frac{2}{9}$	22
$\frac{1}{6}$	10	$\frac{4}{9}$	5
$\frac{5}{6}$	14	$\frac{7}{9}$	18
$\frac{2}{7}$	1	$\frac{8}{9}$	19
$\frac{3}{7}$	7	$\frac{7}{10}$	15
$\frac{4}{7}$	4	$\frac{9}{10}$	13
$\frac{5}{7}$	3	$\frac{4}{11}$	11
$\frac{6}{7}$	12	$\frac{10}{11}$	8
$\frac{1}{8}$	6	$\frac{7}{12}$	24
$\frac{3}{8}$	20	$\frac{11}{12}$	16

Wie lautet die Gleichung richtig?

Die Feldzahl findest du unter der Lösung.

1 $\frac{8}{14} = \frac{\quad}{7}$ →

$\frac{4}{7}$	$\frac{5}{7}$	$\frac{6}{7}$
4	2	17

2 $\frac{12}{18} = \frac{\quad}{9}$ →

$\frac{5}{9}$	$\frac{6}{9}$	$\frac{7}{9}$
21	13	24

3 $\frac{12}{24} = \frac{\quad}{12}$ →

$\frac{5}{12}$	$\frac{6}{12}$	$\frac{7}{12}$
3	18	12

4 $\frac{4}{10} = \frac{\quad}{5}$ →

$\frac{2}{5}$	$\frac{3}{5}$	$\frac{4}{5}$
3	20	6

5 $\frac{14}{18} = \frac{\quad}{9}$ →

$\frac{5}{9}$	$\frac{6}{9}$	$\frac{7}{9}$
7	18	23

6 $\frac{20}{22} = \frac{\quad}{11}$ →

$\frac{9}{11}$	$\frac{10}{11}$	$\frac{11}{11}$
2	14	15

7 $\frac{20}{26} = \frac{\quad}{13}$ →

$\frac{9}{13}$	$\frac{10}{13}$	$\frac{11}{13}$
11	19	9

8 $\frac{10}{12} = \frac{\quad}{6}$ →

$\frac{3}{6}$	$\frac{4}{6}$	$\frac{5}{6}$
20	14	10

9 $\frac{14}{16} = \frac{\quad}{8}$ →

$\frac{5}{8}$	$\frac{6}{8}$	$\frac{7}{8}$
11	22	17

10 $\frac{16}{24} = \frac{\quad}{12}$ →

$\frac{7}{12}$	$\frac{8}{12}$	$\frac{9}{12}$
14	24	5

11 $\frac{4}{8} = \frac{\quad}{4}$ →

$\frac{2}{4}$	$\frac{3}{4}$	$\frac{4}{4}$
9	16	1

12 $\frac{12}{20} = \frac{\quad}{10}$ →

$\frac{4}{10}$	$\frac{5}{10}$	$\frac{6}{10}$
8	21	20

13

$\frac{10}{16} = \frac{\ }{8}$ →

$\frac{4}{8}$	$\frac{5}{8}$	$\frac{6}{8}$
5	16	12

14

$\frac{18}{22} = \frac{\ }{11}$ →

$\frac{8}{11}$	$\frac{9}{11}$	$\frac{10}{11}$
22	1	9

15

$\frac{8}{26} = \frac{\ }{13}$ →

$\frac{2}{13}$	$\frac{3}{13}$	$\frac{4}{13}$
20	7	5

16

$\frac{6}{10} = \frac{\ }{5}$ →

$\frac{1}{5}$	$\frac{2}{5}$	$\frac{3}{5}$
17	8	15

17

$\frac{12}{16} = \frac{\ }{8}$ →

$\frac{6}{8}$	$\frac{7}{8}$	$\frac{8}{8}$
7	19	22

18

$\frac{14}{24} = \frac{\ }{12}$ →

$\frac{5}{12}$	$\frac{6}{12}$	$\frac{7}{12}$
18	3	6

19

$\frac{10}{14} = \frac{\ }{7}$ →

$\frac{4}{7}$	$\frac{5}{7}$	$\frac{6}{7}$
7	8	10

20

$\frac{14}{20} = \frac{\ }{10}$ →

$\frac{5}{10}$	$\frac{6}{10}$	$\frac{7}{10}$
15	2	22

21

$\frac{6}{8} = \frac{\ }{4}$ →

$\frac{1}{4}$	$\frac{2}{4}$	$\frac{3}{4}$
23	18	11

22

$\frac{16}{18} = \frac{\ }{9}$ →

$\frac{8}{9}$	$\frac{9}{9}$	$\frac{10}{9}$
2	5	24

23

$\frac{8}{12} = \frac{\ }{6}$ →

$\frac{2}{6}$	$\frac{3}{6}$	$\frac{4}{6}$
14	19	21

24

$\frac{12}{14} = \frac{\ }{7}$ →

$\frac{4}{7}$	$\frac{5}{7}$	$\frac{6}{7}$
6	9	12

Hier sollst du erweitern!

1 $\frac{4}{7} = \frac{16}{28}$

2 $\frac{5}{8} = \frac{\ }{32}$

3 $\frac{1}{3} = \frac{\ }{36}$

4 $\frac{3}{10} = \frac{\ }{40}$

5 $\frac{5}{6} = \frac{\ }{24}$

6 $\frac{2}{9} = \frac{\ }{36}$

7 $\frac{1}{4} = \frac{\ }{32}$

8 $\frac{7}{10} = \frac{\ }{40}$

9 $\frac{3}{4} = \frac{\ }{24}$

10 $\frac{5}{12} = \frac{\ }{36}$

11 $\frac{6}{7} = \frac{\ }{28}$

12 $\frac{7}{8} = \frac{\ }{32}$

$\frac{18}{24}$	$\frac{20}{24}$	$\frac{16}{28}$	$\frac{24}{28}$	$\frac{8}{32}$	$\frac{20}{32}$	$\frac{28}{32}$	$\frac{8}{36}$	$\frac{12}{36}$	$\frac{15}{36}$	$\frac{12}{40}$	$\frac{28}{40}$
22	16	23	17	14	19	13	20	21	15	24	18

13 $\frac{3}{8} = \frac{\ }{48}$

14 $\frac{4}{9} = \frac{\ }{54}$

15 $\frac{2}{3} = \frac{\ }{45}$

16 $\frac{1}{3} = \frac{\ }{63}$

17 $\frac{5}{8} = \frac{\ }{56}$

18 $\frac{4}{7} = \frac{\ }{63}$

19 $\frac{7}{9} = \frac{\ }{45}$

20 $\frac{7}{8} = \frac{\ }{56}$

21 $\frac{5}{6} = \frac{\ }{54}$

22 $\frac{4}{15} = \frac{\ }{45}$

23 $\frac{5}{12} = \frac{\ }{48}$

24 $\frac{2}{3} = \frac{\ }{54}$

$\frac{12}{45}$	$\frac{30}{45}$	$\frac{35}{45}$	$\frac{18}{48}$	$\frac{20}{48}$	$\frac{24}{54}$	$\frac{36}{54}$	$\frac{45}{54}$	$\frac{35}{56}$	$\frac{49}{56}$	$\frac{21}{63}$	$\frac{36}{63}$
7	10	2	12	6	8	3	4	1	5	11	9

Nochmals: Aufgaben zum Erweitern

1 $\frac{8}{20} = \frac{2}{5}$

2 $\frac{}{20} = \frac{3}{4}$

3 $\frac{}{35} = \frac{3}{5}$

4 $\frac{}{18} = \frac{1}{3}$

5 $\frac{}{18} = \frac{1}{6}$

6 $\frac{}{12} = \frac{1}{2}$

7 $\frac{}{30} = \frac{4}{5}$

8 $\frac{}{12} = \frac{1}{4}$

9 $\frac{}{21} = \frac{2}{3}$

10 $\frac{}{21} = \frac{1}{7}$

11 $\frac{}{35} = \frac{1}{5}$

12 $\frac{}{30} = \frac{5}{6}$

$\frac{3}{12}$	$\frac{6}{12}$	$\frac{3}{18}$	$\frac{6}{18}$	$\frac{8}{20}$	$\frac{15}{20}$	$\frac{3}{21}$	$\frac{14}{21}$	$\frac{24}{30}$	$\frac{25}{30}$	$\frac{7}{35}$	$\frac{21}{35}$
3	18	1	10	9	17	2	13	5	6	4	14

13 $\frac{}{28} = \frac{4}{7}$

14 $\frac{}{72} = \frac{1}{8}$

15 $\frac{}{56} = \frac{3}{7}$

16 $\frac{}{64} = \frac{7}{8}$

17 $\frac{}{72} = \frac{4}{9}$

18 $\frac{}{63} = \frac{2}{7}$

19 $\frac{}{56} = \frac{5}{8}$

20 $\frac{}{56} = \frac{6}{7}$

21 $\frac{}{72} = \frac{1}{9}$

22 $\frac{}{64} = \frac{3}{8}$

23 $\frac{}{28} = \frac{5}{7}$

24 $\frac{}{63} = \frac{2}{9}$

$\frac{16}{28}$	$\frac{20}{28}$	$\frac{24}{56}$	$\frac{35}{56}$	$\frac{48}{56}$	$\frac{14}{63}$	$\frac{18}{63}$	$\frac{24}{64}$	$\frac{56}{64}$	$\frac{8}{72}$	$\frac{9}{72}$	$\frac{32}{72}$
21	16	19	12	15	8	20	24	22	7	23	11

Kürze den Bruch!

1. $\frac{15}{35} = \frac{5}{7}$
2. $\frac{21}{28} = \frac{\quad}{4}$
3. $\frac{7}{42} = \frac{\quad}{6}$
4. $\frac{32}{56} = \frac{\quad}{7}$
5. $\frac{18}{45} = \frac{\quad}{5}$
6. $\frac{50}{60} = \frac{\quad}{6}$
7. $\frac{25}{40} = \frac{\quad}{8}$
8. $\frac{12}{48} = \frac{\quad}{4}$
9. $\frac{22}{77} = \frac{\quad}{7}$
10. $\frac{18}{42} = \frac{\quad}{7}$
11. $\frac{18}{30} = \frac{\quad}{5}$
12. $\frac{27}{72} = \frac{\quad}{8}$

$\frac{1}{4}$	15
$\frac{3}{4}$	20
$\frac{2}{5}$	17
$\frac{3}{5}$	16
$\frac{1}{6}$	23
$\frac{5}{6}$	19
$\frac{2}{7}$	24
$\frac{3}{7}$	18
$\frac{4}{7}$	22
$\frac{5}{7}$	21
$\frac{3}{8}$	14
$\frac{5}{8}$	13

13. $\frac{56}{88} = \frac{\quad}{11}$
14. $\frac{4}{40} = \frac{\quad}{10}$
15. $\frac{20}{45} = \frac{\quad}{9}$
16. $\frac{3}{36} = \frac{\quad}{12}$
17. $\frac{6}{27} = \frac{\quad}{9}$
18. $\frac{10}{24} = \frac{\quad}{12}$
19. $\frac{12}{33} = \frac{\quad}{11}$
20. $\frac{50}{90} = \frac{\quad}{9}$
21. $\frac{44}{48} = \frac{\quad}{12}$
22. $\frac{21}{30} = \frac{\quad}{10}$
23. $\frac{6}{54} = \frac{\quad}{9}$
24. $\frac{35}{77} = \frac{\quad}{11}$

$\frac{1}{9}$	4
$\frac{2}{9}$	2
$\frac{4}{9}$	11
$\frac{5}{9}$	3
$\frac{1}{10}$	7
$\frac{7}{10}$	8
$\frac{4}{11}$	1
$\frac{5}{11}$	5
$\frac{7}{11}$	9
$\frac{1}{12}$	10
$\frac{5}{12}$	12
$\frac{11}{12}$	6

Auch hier heißt es: richtig kürzen!

1. $\frac{1}{3} = \frac{9}{27}$
2. $\frac{\square}{4} = \frac{21}{28}$
3. $\frac{\square}{5} = \frac{32}{40}$
4. $\frac{\square}{3} = \frac{12}{18}$
5. $\frac{\square}{5} = \frac{21}{35}$
6. $\frac{\square}{7} = \frac{5}{35}$
7. $\frac{\square}{6} = \frac{45}{54}$
8. $\frac{\square}{5} = \frac{6}{30}$
9. $\frac{\square}{7} = \frac{16}{56}$
10. $\frac{\square}{4} = \frac{9}{36}$
11. $\frac{\square}{6} = \frac{7}{42}$
12. $\frac{\square}{5} = \frac{16}{40}$

$\frac{1}{3}$	4
$\frac{2}{3}$	3
$\frac{1}{4}$	12
$\frac{3}{4}$	19
$\frac{1}{5}$	15
$\frac{2}{5}$	8
$\frac{3}{5}$	11
$\frac{4}{5}$	24
$\frac{1}{6}$	16
$\frac{5}{6}$	7
$\frac{1}{7}$	20
$\frac{2}{7}$	23

13. $\frac{\square}{8} = \frac{6}{48}$
14. $\frac{\square}{9} = \frac{64}{72}$
15. $\frac{\square}{7} = \frac{20}{35}$
16. $\frac{\square}{10} = \frac{9}{90}$
17. $\frac{\square}{7} = \frac{48}{56}$
18. $\frac{\square}{9} = \frac{63}{81}$
19. $\frac{\square}{11} = \frac{42}{77}$
20. $\frac{\square}{7} = \frac{18}{42}$
21. $\frac{\square}{8} = \frac{21}{56}$
22. $\frac{\square}{11} = \frac{36}{99}$
23. $\frac{\square}{7} = \frac{25}{35}$
24. $\frac{\square}{10} = \frac{56}{80}$

$\frac{3}{7}$	22
$\frac{4}{7}$	17
$\frac{5}{7}$	21
$\frac{6}{7}$	1
$\frac{1}{8}$	9
$\frac{3}{8}$	5
$\frac{7}{9}$	18
$\frac{8}{9}$	13
$\frac{1}{10}$	10
$\frac{7}{10}$	6
$\frac{4}{11}$	14
$\frac{6}{11}$	2

Wie groß ist dieser Teil vom Ganzen?

1 $\frac{1}{2}$ von 20 = 10

2 $\frac{1}{12}$ von 24 =

3 $\frac{1}{4}$ von 44 =

4 $\frac{1}{9}$ von 36 =

5 $\frac{1}{8}$ von 64 =

6 $\frac{1}{9}$ von 54 =

7 $\frac{1}{11}$ von 33 =

8 $\frac{1}{3}$ von 36 =

9 $\frac{1}{7}$ von 63 =

10 $\frac{1}{9}$ von 9 =

11 $\frac{1}{7}$ von 35 =

12 $\frac{1}{10}$ von 70 =

1	6
2	9
3	4
4	20
5	14
6	10
7	3
8	17
9	23
10	7
11	12
12	1

13 $\frac{1}{13}$ von 26 =

14 $\frac{1}{6}$ von 30 =

15 $\frac{1}{8}$ von 56 =

16 $\frac{1}{7}$ von 42 =

17 $\frac{1}{16}$ von 16 =

18 $\frac{1}{3}$ von 27 =

19 $\frac{1}{3}$ von 33 =

20 $\frac{1}{10}$ von 30 =

21 $\frac{1}{4}$ von 32 =

22 $\frac{1}{5}$ von 50 =

23 $\frac{1}{7}$ von 28 =

24 $\frac{1}{4}$ von 48 =

1	15
2	19
3	13
4	2
5	22
6	8
7	11
8	5
9	24
10	21
11	16
12	18

Berechne den Bruchteil!

1. $\frac{3}{4}$ von 24 = 18
2. $\frac{2}{3}$ von 21 =
3. $\frac{5}{9}$ von 27 =
4. $\frac{2}{5}$ von 40 =
5. $\frac{4}{10}$ von 20 =
6. $\frac{2}{3}$ von 36 =
7. $\frac{3}{4}$ von 28 =
8. $\frac{6}{7}$ von 14 =
9. $\frac{4}{7}$ von 56 =
10. $\frac{3}{8}$ von 72 =
11. $\frac{6}{11}$ von 66 =
12. $\frac{3}{5}$ von 50 =

8	10
12	12
14	1
15	4
16	6
18	5
21	8
24	2
27	9
30	7
32	3
36	11

13. $\frac{6}{9}$ von 72 =
14. $\frac{10}{11}$ von 66 =
15. $\frac{7}{10}$ von 100 =
16. $\frac{5}{7}$ von 56 =
17. $\frac{6}{8}$ von 72 =
18. $\frac{7}{10}$ von 90 =
19. $\frac{7}{10}$ von 70 =
20. $\frac{8}{9}$ von 63 =
21. $\frac{9}{10}$ von 80 =
22. $\frac{6}{7}$ von 49 =
23. $\frac{9}{10}$ von 90 =
24. $\frac{8}{9}$ von 72 =

40	17
42	13
48	18
49	20
54	19
56	23
60	14
63	15
64	22
70	16
72	21
81	24

Berechne das Ganze!

1	$\frac{1}{4}$ des Ganzen sind 120 Stück.
2	$\frac{1}{5}$ der Strecke sind 15 km.
3	$\frac{1}{8}$ der Zeit sind 50 Std.
4	$\frac{1}{10}$ der Menge sind 25 l.
5	$\frac{1}{3}$ des Gewichts sind 13 kg.
6	$\frac{1}{9}$ der Zeit sind 4 Wochen.
7	$\frac{1}{12}$ des Ganzen sind 6 Stück.
8	$\frac{1}{7}$ der Strecke sind 70 cm.
9	$\frac{1}{3}$ der Ferien sind 9 Tage.
10	$\frac{1}{10}$ des Preises sind 21 Euro.
11	$\frac{1}{50}$ der Menge sind 3 l.
12	$\frac{1}{7}$ der Strecke sind 12 km.
13	$\frac{1}{20}$ des Ganzen sind 7 Stück.
14	$\frac{1}{2}$ des Preises sind 24 Euro.
15	$\frac{1}{9}$ des Ganzen sind 7 Stück.
16	$\frac{1}{5}$ des Gewichts sind 21 kg.
17	$\frac{1}{7}$ des Buches sind 8 Seiten.
18	$\frac{1}{6}$ der Zeit sind 40 Std.
19	$\frac{1}{8}$ der Zeit sind 11 Wochen.
20	$\frac{1}{11}$ der Menge sind 4 l.
21	$\frac{1}{5}$ der Strecke sind 90 cm.
22	$\frac{1}{12}$ der Ferien sind 2 Tage.
23	$\frac{1}{18}$ der Menge sind 10 l.
24	$\frac{1}{30}$ des Buches sind 20 Seiten.

24 → 11
27 → 22
36 → 23
39 → 16
44 → 2
48 → 12
56 → 6
63 → 10
72 → 18
75 → 24
84 → 17
88 → 5
105 → 7
140 → 8
150 → 13
180 → 1
210 → 15
240 → 9
250 → 19
400 → 21
450 → 4
480 → 20
490 → 14
600 → 3

Wie groß ist der Wert für das Ganze?

1	$\frac{2}{5}$ des Buches sind 20 Seiten.
2	$\frac{4}{7}$ der Menge sind 160 l.
3	$\frac{3}{4}$ der Ferien sind 27 Tage.
4	$\frac{9}{10}$ der Strecke sind 54 cm.
5	$\frac{2}{9}$ der Menge sind 40 l.
6	$\frac{7}{8}$ der Zeit sind 14 Wochen.
7	$\frac{5}{6}$ der Zeit sind 25 Stunden.
8	$\frac{6}{7}$ des Buches sind 42 Seiten.
9	$\frac{4}{5}$ des Gewichts sind 200 kg.
10	$\frac{2}{9}$ des Ganzen sind 100 Stück.
11	$\frac{2}{3}$ des Preises sind 12 Euro.
12	$\frac{3}{20}$ des Ganzen sind 18 Stück.
13	$\frac{5}{7}$ der Strecke sind 20 km.
14	$\frac{3}{50}$ der Menge sind 9 l.
15	$\frac{6}{7}$ des Preises sind 48 Euro.
16	$\frac{2}{3}$ der Ferien sind 16 Tage.
17	$\frac{3}{10}$ der Strecke sind 60 cm.
18	$\frac{5}{12}$ des Ganzen sind 30 Stück.
19	$\frac{8}{9}$ der Zeit sind 240 Wochen.
20	$\frac{2}{3}$ des Gewichts 220 kg.
21	$\frac{9}{10}$ der Menge sind 90 l.
22	$\frac{2}{15}$ der Zeit sind 6 Stunden.
23	$\frac{4}{5}$ der Strecke sind 100 km.
24	$\frac{7}{8}$ des Ganzen 140 Stück.

16 → 21
18 → 14
24 → 8
28 → 7
30 → 16
36 → 24
45 → 9
49 → 13
50 → 19
56 → 11
60 → 20
72 → 12
100 → 5
120 → 15
125 → 2
150 → 10
160 → 6
180 → 17
200 → 4
250 → 23
270 → 3
280 → 22
330 → 1
450 → 18

Vervollständige die Gleichungen!

1 $\frac{9}{27} = \frac{\quad}{3}$	2 $\frac{4}{7} = \frac{\quad}{28}$	3 $\frac{24}{40} = \frac{\quad}{5}$	4 $\frac{2}{4} = \frac{\quad}{32}$
5 $\frac{3}{7} = \frac{\quad}{63}$	6 $\frac{15}{24} = \frac{\quad}{8}$	7 $\frac{4}{6} = \frac{\quad}{48}$	8 $\frac{6}{24} = \frac{\quad}{4}$
9 $\frac{56}{63} = \frac{\quad}{9}$	10 $\frac{2}{6} = \frac{\quad}{42}$	11 $\frac{12}{40} = \frac{\quad}{10}$	12 $\frac{1}{9} = \frac{\quad}{54}$
13 $\frac{7}{8} = \frac{\quad}{48}$	14 $\frac{8}{36} = \frac{\quad}{9}$	15 $\frac{2}{6} = \frac{\quad}{54}$	16 $\frac{42}{48} = \frac{\quad}{8}$
17 $\frac{15}{20} = \frac{\quad}{4}$	18 $\frac{2}{4} = \frac{\quad}{28}$	19 $\frac{16}{24} = \frac{\quad}{3}$	20 $\frac{3}{8} = \frac{\quad}{32}$
21 $\frac{4}{7} = \frac{\quad}{42}$	22 $\frac{36}{45} = \frac{\quad}{5}$	23 $\frac{5}{9} = \frac{\quad}{63}$	24 $\frac{5}{50} = \frac{\quad}{10}$

$\frac{1}{3}$	7
$\frac{2}{3}$	18
$\frac{1}{4}$	20
$\frac{3}{4}$	17
$\frac{3}{5}$	4
$\frac{4}{5}$	5

$\frac{5}{8}$	12
$\frac{7}{8}$	1
$\frac{2}{9}$	6
$\frac{8}{9}$	3
$\frac{1}{10}$	22
$\frac{3}{10}$	19

$\frac{14}{28}$	9
$\frac{16}{28}$	11
$\frac{12}{32}$	13
$\frac{16}{32}$	8
$\frac{14}{42}$	15
$\frac{24}{42}$	21

$\frac{32}{48}$	24
$\frac{42}{48}$	2
$\frac{6}{54}$	23
$\frac{18}{54}$	10
$\frac{27}{63}$	16
$\frac{35}{63}$	14